Angeli Predizioni 2024

Alina A. Rubi

Angeline Rubi

Introduzione

Gli angeli sono esseri di luce che hanno il compito di aiutarci a evolvere e di proteggerci dai pericoli. Tutti sono protetti da un Angelo, o da più Angeli, a seconda della data di nascita. Il vostro Angelo custode vi assicura il successo in amore, nel lavoro e in altri ambiti della vostra vita.

A volte siamo così immersi in una vita stressante che dimentichiamo di essere accompagnati da esseri di luce che aspettano che noi chiediamo loro aiuto. Quando ci rendiamo conto della loro presenza e decidiamo di approfittare del dono di averli nella nostra vita, il nostro mondo si riempie di magia.

Questo oroscopo degli Angeli 2024 contiene molti messaggi spirituali per voi. Se vi sentite persi o vi chiedete quale sia la vostra missione nell'anno 2024, qui potete trovare le risposte. Se avete comprato questo libro, è perché l'universo sta cercando di dirvi cosa fare e dove andare. Tutto ciò che dovete fare è scoprire i messaggi nascosti che gli Angeli vi hanno inviato all'interno di questo libro.

Gli angeli esistono da migliaia di anni in diverse culture e civiltà. Hanno poteri speciali e hanno contribuito all'evoluzione umana, al cambiamento e allo sviluppo della nostra società. Gli Angeli custodi saranno presenti nella vostra vita durante il 2024 per proteggervi, per rafforzare i vostri legami con il mondo spirituale e per regalarvi molti miracoli.

Arcangelo per il tuo segno zodiacale

Ogni segno zodiacale ha un Arcangelo mentore che lo sovrintende.

Quando arriva il momento di reincarnarsi, scegliamo il segno zodiacale più adatto per imparare le lezioni di vita che ci porteranno più esperienze per la nostra evoluzione.

Gli Arcangeli ci aiutano a scegliere il segno zodiacale per realizzare lo scopo della nostra anima.

Ariete. Arcangelo Chamuel

L'Arcangelo Chamuel significa "colui che vede Dio" ed è legato all'iniziativa e alla passione, due qualità molto forti nel segno Ariete. Questo segno è instancabile e non si ferma finché non raggiunge i suoi obiettivi.

L'Arcangelo Chamuel conferisce all'Ariete il potere decisionale e l'entusiasmo per raggiungere i propri obiettivi. Questo Arcangelo è conosciuto anche come Samael, Chamuel o Camuel, ed è l'Angelo dell'armonia, della fiducia, del potere e della diversità.

Questo Arcangelo conferisce al segno dell'Ariete una personalità assertiva e affidabile.

L'Ariete è un segno estroverso, impetuoso ed entusiasta di affrontare le sfide. Sono impazienti e si arrabbiano facilmente, ma non sono dispettosi.

L'arcangelo Chamuel appartiene al Raggio d'Oro, al pianeta Marte e al giorno martedì.

Il messaggio dell'Arcangelo Chamuel all'Ariete è:

Solo l'energia dell'amore all'interno di un obiettivo dà valore e beneficio duraturi.

Il quarzo rosa è legato alle energie curative dell'Arcangelo Chamuel e si può usare per guarire emotivamente invocando il suo nome o la sua presenza, perché è specializzato nella guarigione emotiva.

L'Arcangelo Chamuel dirige tutti gli Angeli dell'Amore. Essi danno all'Ariete compassione e amore quando lo chiede. Chamuel può aiutarvi nelle vostre relazioni, soprattutto in caso di conflitti, complicazioni emotive o rotture. L'Arcangelo Chamuel può aiutarvi a trovare la vostra anima o fiamma gemella e in tutte le circostanze che richiedono una comunicazione spontanea.

Chamuel può aiutarvi a costruire strutture solide e sane, a migliorare la vostra capacità di amare, in modo da avere la capacità di dare e ricevere amore completamente senza condizioni.

Chamuel dissolve i sentimenti di bassa autostima, aiuta a trovare il proprio scopo e la missione della propria anima.

L'arcangelo Chamuel rappresenta la forza di affrontare e superare le sfide della vita. Se non sapete cosa volete, Chamuel vi condurrà in ambienti che vi porteranno pace, aiutandovi a sciogliere tensioni e stress. L'arcangelo Chamuel è il protettore dei deboli e degli umiliati.

Poiché l'arcangelo Chamuel vede in tutte le direzioni del tempo, cioè tridimensionalmente, può aiutarvi a trovare cose che vi sono sfuggite.

Invocate l'arcangelo Chamuel se vi sentite tristi: vi aiuterà a guarire, ad alleviare il dolore e l'incapacità di perdonare.

Per invocare o evocare l'aiuto per la guarigione emotiva con l'Arcangelo Chamuel, è necessario accendere candele rosa o mettere rose rosa sulle candele e chiedere la guarigione.

Tutti gli Arcangeli hanno un posto esclusivo sul piano eterico della Terra e potete trovare i loro santuari attraverso la meditazione o nei vostri sogni. Il tempio eterico dell'Arcangelo Chamuel si trova a St Louis, Missouri, USA.

Toro. Arcangelo Haniel

L'Arcangelo Haniel governa il segno del Toro, riferendosi alle caratteristiche di integrità, fiducia e pragmatismo. Il nome dell'Arcangelo Haniel significa "grazia di Dio" ed è l'Angelo dell'intelletto.

Haniel è legato al pianeta Venere e a venerdì.

Il Toro è un segno che ama il comfort materiale, il lusso e i beni di qualità. Sono prosperi in molti settori, ma soprattutto in quello finanziario.

Il Toro è un segno molto dispotico che deve imparare la pazienza. Ha una naturale inclinazione alla stabilità, ma deve stare attento a non cadere nella trappola del materialismo.

L'arcangelo Haniel è conosciuto anche come Anael, Anafiel e Daniel. I suoi colori sono l'arancione e il bianco.

Questo Arcangelo è collegato ai raggi bianchi e arancioni.

Haniel ha un'energia che ci spinge a cercare la saggezza spirituale, in quanto è anche l'Angelo della Comunicazione Celeste e lavora con le energie di gruppo e gli oratori. È un Arcangelo legato alla Luna, quindi si connette con noi attraverso visualizzazioni e sogni ricorrenti. L'Arcangelo Haniel aiuta a trasmutare le vibrazioni e le energie oscure e offre protezione. È con noi nei nuovi inizi, quando ci sono fasi di transizione nella nostra vita.

Questo Arcangelo porta l'ispirazione nella nostra vita, insegna lezioni e supervisiona la guarigione spirituale e i diversi tipi di religione. L'Arcangelo Haniel recupera i segreti perduti, armonizza le relazioni e porta la bellezza in tutte le cose. Haniel guarisce l'invidia, la rabbia e la gelosia.

L'arcangelo Haniel vi dà informazioni sulla vostra professione e sulle vostre relazioni. Vi aiuta nel vostro cammino spirituale e vi esorta a trovare lo scopo della vostra vita. Vi esorta a guardare dentro di voi e a trovare la vostra verità personale, perché così potrete difendervi.

L'arcangelo Haniel vi aiuta a vivere nel presente, a vedere la realtà e a riconoscere i vostri talenti e le vostre capacità.

L'Arcangelo Haniel vi ricorda che è vostra responsabilità essere mentalmente e fisicamente sani. Questo Arcangelo è associato alla guarigione attraverso il quarzo e gli oli essenziali, motivo per cui supervisiona i medici omeopatici. Questo potente Arcangelo ha il potere di trasformare la tristezza in felicità.

Questo Arcangelo agisce sugli squilibri del campo energetico e porta la guarigione a livello emotivo, spirituale e fisico.

È un Arcangelo guerriero che ci aiuta a realizzare lo scopo della nostra anima, guidandoci attraverso rivelazioni, visioni e sincronicità angeliche.

Quando vi sentite confusi o depressi, invocate l'arcangelo Haniel affinché vi dia il dono della perseveranza.

Gemelli. Arcangelo Raffaele

I gemelli sono protetti dall'Arcangelo Raffaele, motivo per cui questo segno zodiacale è così adattabile e socievole.

Raffaele è uno dei principali angeli guaritori e guida i guaritori.

L'arcangelo Raffaele governa il pianeta Mercurio e il giorno di mercoledì.

I Gemelli sono molto intelligenti e il loro strumento più prezioso è la mente. I Gemelli sono molto versatili e questo atteggiamento prosciuga le loro energie, portando talvolta all'esaurimento nervoso e all'ansia. I Gemelli hanno un'insaziabile sete di apprendimento e la loro mente è molto curiosa.

L'arcangelo Raffaele è collegato al Raggio Verde. I poteri di guarigione di Raffaele si concentrano sulla dissoluzione dei blocchi e sulla loro trasmutazione in amore.

L'Arcangelo Raffaele è noto per essere il capo degli Angeli custodi ed è il patrono della medicina, per cui è anche chiamato Arcangelo della conoscenza.

Raffaele è anche il patrono dei viaggiatori e aiuta a guarire spiritualmente e fisicamente non solo gli uomini, ma anche gli animali.

Questo Arcangelo Raffaele può aiutarvi a sviluppare l'intuizione e a migliorare la vostra visualizzazione creativa. Vi mette in contatto con la vostra spiritualità personale e vi permette di trovare la guarigione nella natura. Lo smeraldo è il quarzo curativo legato all'Arcangelo Raffaele.

L'Arcangelo Raffaele lavora sul vostro subconscio affinché possiate liberarvi dalla paura e dall'oscurità. Il team degli Angeli guaritori è guidato dall'Arcangelo Raffaele; queste energie dell'Arcangelo Raffaele e dei suoi Angeli guaritori possono essere invocate negli ospedali e nelle circostanze in cui c'è una persona malata che non si sa se soffre di una malattia.

L'arcangelo Raffaele concentra le sue energie di guarigione sulla dissoluzione dei blocchi nei chakra che causano malattie e aiuta a eliminare le dipendenze.

Raphael guarisce le ferite delle vite passate, cancellando tutto il karma familiare ereditato.

Potete invocare l'Arcangelo Raffaele ogni volta che voi o qualcun altro avete una malattia fisica, egli interverrà direttamente e vi guiderà per ottenere una cura.

L'arcangelo Raffaele vi ricorda che è attraverso il perdono che avviene la guarigione ed è strettamente connesso con i guaritori della luce. Raffaele si assicura che appaia tutto ciò che è necessario per facilitare il successo della guarigione.

Invocate l'Arcangelo Raffaele per avere protezione e guida, vi aiuterà a ripulire le vostre energie e a concentrarvi. Per invocare il potere di guarigione dell'Arcangelo Raffaele, accendete candele verdi o gialle e otterrete risultati immediati.

L'Arcangelo Raffaele non è limitato dalle limitazioni del tempo e dello spazio ed è in grado di essere contemporaneamente con tutti coloro che invocano la sua presenza. Viene al vostro fianco nell'istante in cui chiedete aiuto.

Cancro - Arcangelo Gabriele

L'arcangelo Gabriele protegge il segno del Granchio. Regna il lunedì.

Il Cancro è un segno molto empatico e sensibile. Sembrano gentili, ma sono attivi. La famiglia è la cosa più importante per i Cancro.

L'Arcangelo Gabriele è conosciuto come l'Angelo della Resurrezione, l'Angelo dell'armonia e della gioia. Ha annunciato la nascita di Gesù Cristo e ha comunicato con Giovanna d'Arco.

L'arcangelo Gabriele gli insegna a cercare l'aiuto angelico attraverso la meditazione e i sogni e si prende cura dell'umanità nel suo complesso.

Gabriele è l'Arcangelo della mente, si può invocare quando si hanno problemi mentali, per aiutarci a prendere decisioni.

L'Arcangelo Gabriele è il protettore delle emozioni e della creatività. Quando lottiamo contro gli abusi, le dipendenze, le famiglie disfunzionali e per avere amore, è l'Arcangelo Gabriele che dobbiamo invocare.

L'Arcangelo Gabriele vi offre spiritualità e solleva il vostro spirito. Vi avverte di essere consapevoli delle energie che vi circondano.

Gabriele conosce lo scopo e la missione della vostra anima, la sua missione è aiutarvi a capire quali sono i vostri obblighi contrattuali in questa incarnazione.

L'Arcangelo Gabriele aumenta la creatività, l'ottimismo, trasmette le paure e dà motivazione. Gabriele purifica ed eleva le vostre vibrazioni, vi

*guida nella vostra vita e vi aiuta a vivere con fedeltà,
onorando i vostri talenti e le vostre capacità.*

*Gabriele vi ricorda che ognuno contribuisce allo
sviluppo dell'umanità essendo ciò che è. Vuole che
siate fermi nelle vostre convinzioni.*

*Questo Arcangelo vi aiuterà a conoscere la verità
nelle situazioni di conflitto, vi darà più intuito e
discernimento.*

*L'Arcangelo Gabriele è un Angelo della conoscenza,
legato ai leader spirituali, e ci istruisce su quali sono i
nostri talenti e ci mostra i simboli della missione della
nostra anima, in modo da poter attrarre connessioni e
opportunità perfette.*

*Invocate l'Arcangelo Gabriele per pulire e purificare
il vostro corpo e la vostra mente dai pensieri negativi.
Rivolgetevi a lui per ottenere aiuto in tutte le forme di
comunicazione, compresa la capacità di parlare e di
fare nuove amicizie.*

Leone - Arcangelo Michele

*L'arcangelo Michele è il capo degli eserciti celesti e
protegge il segno del Leone. Il suo nome significa
colui che è come Dio ed è il simbolo della giustizia. È
considerato il più grande di tutti gli Arcangeli.*

L'Arcangelo Michele lavora con il Raggio Blu e governa la domenica. Michele aiuta nella comunicazione ed è conosciuto come il Principe degli Arcangeli.

Il Leone è un segno che ha eccellenti capacità organizzative ed è sempre disposto a lottare per il successo. Sono competitivi e fedeli ai loro cari.

L'arcangelo Michele vi aiuta a essere consapevoli dei vostri pensieri e sentimenti e vi incoraggia ad agire. Michele vi offre protezione, fiducia in voi stessi, forza e amore incondizionato.

L'Arcangelo Michele ha il compito di liberarci dalla paura, dalla negatività, dal dramma e dall'intimidazione. Questo Arcangelo ha il compito di smantellare tutte le strutture disfunzionali, come i sistemi governativi e le organizzazioni finanziarie corrotte.

Michele è il protettore di tutta l'umanità, potete invocarlo per rafforzarvi, per cambiare direzione e per trovare il vostro obiettivo. Invocate Michele se sentite una mancanza di motivazione.

Questo Arcangelo lavora per la cooperazione e l'armonia con gli altri ed è specializzato nel rimuovere gli impianti energetici e tagliare i legami che ci paralizzano.

L'Arcangelo Michele ci aiuta a difendere le nostre verità senza compromettere i nostri principi, porta la pace e quando siamo pronti a scartare vecchi concetti e credenze, l'Arcangelo Michele ci sostiene tagliando i legami che ci legano negativamente e ci impediscono di realizzare il nostro potenziale.

L'Arcangelo Michele guida coloro che si sentono intrappolati nella loro professione e ci aiuta a scoprire la luce che è in noi, dandoci coraggio di fronte alle situazioni difficili.

Chiedete all'Arcangelo Michele di tagliare i cordoni energetici che vi legano a situazioni dannose, persone tossiche, modelli di comportamento ed emozioni.

Le persone collegate all'Arcangelo Michele sono potenti, forti ed empatiche. Invocate l'Arcangelo Michele per proteggere la vostra casa e la vostra famiglia, e viene ogni volta che avete bisogno di forza per superare un conflitto impegnativo.

Potete visitare i loro templi durante la meditazione o il sonno, nel regno eterico sopra le Montagne Rocciose canadesi.

Vergine - Arcangelo Raffaele

L'arcangelo Raffaele protegge il segno della Vergine e governa il giorno di mercoledì. È uno dei principali angeli della guarigione e offre i suoi attributi di efficienza e spirito analitico al sesto segno dello zodiaco.

I Vergine sono sempre attenti ai dettagli, perché amano esaminare tutte le opzioni prima di prendere una decisione. A volte sono timidi e non amano attirare l'attenzione su di sé.

L'Arcangelo Raffaele governa il Raggio #4, il raggio verde, ed è conosciuto come il principale Angelo custode. Aiuta a sviluppare l'intuizione e ad aprire il cuore ai poteri di guarigione dell'Universo.

Raffaele vi mette in contatto con la vostra spiritualità e vi permette di trovare la guarigione nelle energie universali. È conosciuto come il medico del regno angelico, in quanto ha la capacità di indirizzare i suoi poteri di guarigione verso la dissoluzione di blocchi negativi e malattie.

Raffaele può essere invocato per guarire noi stessi e per guarire gli altri. Raffaele aiuta a guarire le relazioni e a rimuovere le dipendenze. Sostiene gli operatori di luce e

e ci guida ad apportare cambiamenti positivi nella nostra vita.

Per invocarlo, accendete delle candele verdi. È possibile visitare i suoi templi durante la meditazione *o dormire sul piano eterico sopra Fatima, in Portogallo.*

Bilancia - Arcangelo Haniel

La Bilancia è un segno protetto dall'Arcangelo Haniel, governato dal pianeta Venere, e il venerdì.

La Bilancia è un segno imparziale che cerca sempre un equilibrio tra anima, mente e spirito. Sono diplomatici, stabili ed equilibrati. La diplomazia è la loro caratteristica più evidente, poiché riescono a vedere entrambi i lati di un conflitto, ma sono un po' paralizzati quando si tratta di prendere decisioni.

Il significato dell'arcangelo Haniel è la gloria di Dio e si mette in contatto con noi attraverso i sogni. Ci offre protezione e armonia. Haniel ci aiuta nei cambiamenti positivi, nei nuovi inizi e favorisce l'equilibrio nelle transizioni.

Haniel governa la pace, porta ispirazione e aiuta a guarire dall'invidia e dalla gelosia.

L'arcangelo Haniel ci motiva a vivere nel momento presente e a vedere la realtà dentro di noi. Ci incoraggia a prenderci cura di noi stessi e ci ricorda che siamo responsabili della nostra salute mentale e spirituale. Ha il potere di trasformare la tristezza in

*felicità e ci incoraggia a rispettare i nostri ritmi
naturali.*

*Invocate l'Arcangelo Haniel per trovare equilibrio,
realizzare le vostre intenzioni e liberare le energie
negative. Vi aiuterà a mantenere la calma durante gli
eventi importanti, rafforzando la vostra fiducia.
Haniel conferisce doni spirituali e capacità psichiche
e ci ricorda che siamo esseri divini. È un Angelo
guerriero, rivolgetevi a lui quando avete bisogno di
sostegno spirituale o vi sentite emotivamente deboli, vi
darà la determinazione e l'energia per fidarvi della
vostra intuizione.*

Scorpione - Arcangelo Chamuel e Azrael

*Lo Scorpione è protetto dagli arcangeli Azrael e
Chamuel. Azrael è un angelo che governa il pianeta
Plutone e Chamuel governa il pianeta Marte e il
giorno martedì.*

*Le persone sotto l'influenza dello Scorpione hanno
una personalità potente e intensa.*

*Gli Scorpioni hanno una personalità paranoica e sono
ossessionati da ciò che accade nella loro vita. Si
aggrappano con forza a ciò che è loro e si rifiutano di
cedere senza combattere.*

*Il nome dell'Arcangelo Azrael significa colui che Dio
aiuta, governa il Raggio #2 che contiene vibrazioni di*

amore e saggezza. Azrael viene spesso definito l'Angelo della Morte e questo nome ci ricorda che la morte è trasformazione.

L'obiettivo dell'Arcangelo Azrael è quello di aiutare coloro che sono in fase di transizione dalla vita fisica a quella spirituale. Possiede grande compassione e saggezza e possiede energie di guarigione universale per coloro che sono in lutto per la perdita di una persona cara.

L'Arcangelo Azrael conforta le persone prima della loro morte fisica e si assicura che non soffrano durante la morte, circondando la famiglia e gli amici in lutto con energie di guarigione.

Invocate l'Arcangelo Azrael per confortare una persona cara e trasmettere messaggi d'amore al regno spirituale. Azrael può aiutarvi a superare le fasi del lutto con accettazione.

Azrael aiuta a creare spazio nella nostra vita per l'ingresso di nuove energie.

Sagittario - Arcangelo Zadkiel

Il Sagittario è protetto dall'Arcangelo Zadkiel, che lavora con il Raggio Viola, governa il pianeta Giove e giovedì.

Il Sagittario è ottimista e intuitivo per natura, ma a volte va oltre i limiti della realtà.

Il nome di Zadkiel significa giustizia di Dio, ma è anche legato all'oscurità e all'inerzia. Ci aiuta a scoprire gli aspetti divini che sono in noi e a sviluppare le capacità che servono agli obiettivi della nostra vita.

Zadkiel è l'Arcangelo della libertà, del perdono, del risveglio spirituale, delle benedizioni e del discernimento. Utilizzate la Fiamma Viola per invocare l'Arcangelo Zadkiel, che vi aiuterà a meditare e a sviluppare la vostra intuizione. Zadkiel può essere invocato per portare il perdono agli altri. Egli guida gli Angeli della Misericordia e può aiutarvi a essere tolleranti e diplomatici.

Le energie curative dell'Arcangelo Zadkiel e dei suoi Angeli della Gioia vi aiuteranno sempre a trasformare i ricordi del passato, a superare le limitazioni, a eliminare i blocchi energetici e a liberarvi dalle dipendenze. Zadkiel vi incoraggia ad amare e perdonare senza paura e vi ricorda di amare voi stessi e gli altri incondizionatamente.

L'arcangelo Zadkiel è la fonte energetica che sta dietro alla povertà e alla ricchezza e a tutte le loro manifestazioni, per questo è associato alla fortuna e al caso. Zadkiel ricorda che la buona e la cattiva sorte sono meritate da ogni persona e valuta la fortuna di conseguenza.

L'arcangelo Zadkiel è responsabile dell'inizio e della fine delle cose e può essere chiamato a porre fine a una situazione dolorosa. L'arcangelo Zadkiel ci aiuta a trovare il coraggio interiore di fare ciò che è giusto per noi stessi e per gli altri.

Per connettersi con l'Arcangelo Zadkiel, utilizzare candele viola o quarzo ametista. L'Arcangelo Zadkiel è associato al Maestro Asceso Saint Germain e protegge i mistici,

L'arcangelo Zadkiel e Santa Ametista ha il loro ritiro eterico, chiamato Tempio della Purificazione, sull'isola di Cuba.

Zadkiel guarisce le ferite emotive e i ricordi dolorosi, aumenta l'autostima e aiuta a sviluppare i talenti e le capacità naturali.

Se volete una maggiore tolleranza nelle situazioni di conflitto, rivolgetevi all'Arcangelo Zadkiel; egli trasmuterà tutto ciò che è oscuro e innalzerà la vostra vibrazione.

Capricorno - Arcangelo Uriel

Il Capricorno è protetto dall'Arcangelo Uriel. Questo Arcangelo significa Fuoco di Dio, governa il Raggio Rosso ed è associato alla luce, al fulmine e al tuono.

Uriel è in grado di mostrarci come possiamo guarire la nostra vita, di aiutarci a comprendere il concetto di karma e di capire perché le cose sono come sono. Uriel si riferisce alla magia divina, alla risoluzione dei problemi, alla comprensione spirituale e ci aiuta a realizzare il nostro potenziale.

Uriel dovrebbe essere invocato quando si lavora con questioni legate all'economia e alla politica. Lo si può invocare anche per ottenere una maggiore intuizione.

Uriel vi aiuta a liberare le vostre paure e apre i canali per la comunicazione divina, promuove la pace, aiuta a liberare i nostri modelli di comportamento ossessivo e porta soluzioni pratiche.

Uriel può essere invocato per il lavoro intellettuale e per riconoscere la luce dentro di noi.

L'Arcangelo Uriel ha il suo ritiro eterico sui Monti Tatra in Polonia e potete chiedere di essere portati lì per guarire le vostre paure.

Acquario - Arcangelo Uriel

L'Acquario è protetto dall'Arcangelo Uriel, che conferisce a questo segno un carattere umanitario.

Uriel lavora con il Raggio Rubino e governa il pianeta Urano.

L'Acquario è indipendente e progressista. L'Arcangelo Uriel aiuta a risolvere i problemi e a trovare soluzioni ed è uno degli Arcangeli più potenti.

Uriel aiuta a sciogliere i blocchi energetici nel corpo e, essendo conosciuto come l'Angelo della Salvezza, è in grado di mostrarci come possiamo guarire la nostra vita, trovando benedizioni nelle avversità, trasformando le sconfitte in vittorie e liberandoci dai fardelli dolorosi.

Uriel è l'Angelo della trasformazione, della creatività e dell'ordine divino, governa i missionari ed è il guardiano degli scrittori. È l'interprete delle profezie e dei nostri sogni. Ci spinge ad assumerci la responsabilità della nostra vita e porta energie trasformative nella nostra mente.

L'arcangelo Uriel è invocato per la chiarezza e l'intuizione. Lavora per sviluppare in noi le qualità della misericordia e della compassione. Offre protezione, insegna il servizio altruistico e promuove la cooperazione.

L'arcangelo Uriel purifica le vecchie paure e le sostituisce con la saggezza, portando l'illuminazione vitale a coloro che sentono di aver perso la strada e che provano emozioni legate all'abbandono e al suicidio.

L'arcangelo Uriel lavora per sradicare la paura e ripristinare la speranza, e cerca sempre di proteggere il benessere delle persone che non sono in grado di esercitare il proprio libero arbitrio.

Invocate l'Arcangelo Uriel perché vi aiuti a sviluppare tutto il vostro potenziale e vi protegga dall'invidia.

Potete chiedere di visitare i suoi templi durante le vostre sessioni di meditazione o nei vostri sogni. L'Arcangelo Uriel ha il suo ritiro eterico sui Monti Tatra, in Polonia.

Pesci - Arcangelo Azrael e Zadkiel

Il segno dei Pesci è protetto e supervisionato dall'Arcangelo Azrael e dall'Arcangelo Zadkiel.

L'arcangelo Azrael governa il pianeta Nettuno e l'arcangelo Zadkiel il pianeta Giove e il giorno giovedì. Zadkiel lavora sul Raggio Viola.

I Pesci tendono a essere idealisti e sensibili, e amano essere innamorati. Ogni aspetto della vita dovrebbe avere un po' di romanticismo.

L'arcangelo Zadkiel è il custode della Fiamma Viola, che ha una frequenza vibratoria altissima.

L'Arcangelo Zadkiel è conosciuto come l'Angelo della comprensione e della compassione ed è associato all'oscurità, alla contemplazione e al nutrimento.

La missione di Zadkiel è di aiutarvi a risvegliarvi spiritualmente, concedendo benedizioni concepite attraverso la fede per aumentare la comprensione.

Utilizzando la Fiamma Viola, l'Arcangelo Zadkiel vi aiuta a meditare e aumenta le vostre capacità psichiche. Zadkiel ci aiuta ad aprire la mente e ci dà protezione psichica.

Zadkiel incoraggia la tolleranza, aiuta le persone ad amare sé stesse e ci connette alla missione della nostra anima.

L'arcangelo Zadkiel guarisce le nostre ferite emotive, ci rende liberi e motiva le persone a mostrare misericordia agli altri.

Lavorare con Zadkiel aumenta la vostra autostima e vi aiuta a ricordare e a sviluppare i vostri talenti, le vostre abilità e le vostre capacità naturali. Chiamate Zadkiel se avete bisogno di aiuto per ricordare dettagli e fatti specifici.

Invocate l'Arcangelo Zadkiel per aiutarvi a guarire e a trascendere le vostre emozioni negative e a migliorare le vostre funzioni mentali.

L'arcangelo Zadkiel è l'energia che sta dietro alla povertà e alla ricchezza e a tutte le loro manifestazioni, per questo è legato al caso. Zadkiel distribuisce la giustizia senza pregiudizi, ma è misericordioso con chi lo merita, è responsabile degli inizi e delle fine, e lo si può invocare ogni volta che si vuole porre fine a una circostanza caotica.

L'arcangelo Zadkiel è in grado di far breccia nelle energie bloccate o stagnanti causate dalla rabbia e dal senso di colpa.

Zadkiel e Santa Ametista hanno il loro santuario eterico sull'isola di Cuba.

Angelo protettore del vostro segno zodiacale

Spesso ci sentiamo soli, senza protezione fisica o emotiva. In realtà, anche se non lo vedete, il vostro Angelo custode o spirito guida è sempre con voi e vi protegge dal giorno in cui siete nati. Invocate il nome del vostro Angelo nei momenti in cui sentite di aver bisogno di aiuto o di consigli, scegliete di mettere la vostra vita nelle loro mani ed essi vi condurranno sulla strada migliore.

Ariete. Angelo Annalisa

Questo angelo dona al segno dell'Ariete una salute indistruttibile e una protezione contro le forze oscure del male, compresa l'invidia. L'Ariete ha una personalità inflessibile, è molto veloce a disperarsi e ad arrabbiarsi, ma la sua compassione e sensibilità gli aprono tutte le porte. Questo angelo custode è conosciuto anche come Haniel o Ariel. È l'angelo della creatività e della sensualità. Porta il successo nelle relazioni di coppia, in amore e previene il mal di cuore.

Toro. Angelo Uriel

Uriel entrerà sempre nella vostra vita quando ne avrete bisogno per esami, studi medici e quando avrete problemi di separazione. Uriel proteggerà sempre il vostro spirito e illuminerà la vostra mente affinché possiate prendere le decisioni giuste.

Gemelli. Angelo Eyael

Eyael vi proteggerà sempre dalle avversità e vi libererà dalle ingiustizie, soprattutto quando lavorate. Questo Angelo è molto speciale, sa chi è bene frequentare, in altre parole, vi circonderà di persone influenti che vi aiuteranno ad avere successo. Questo Angelo vi incoraggia a vedere sempre il lato positivo delle cose e favorisce i vostri sentimenti di generosità e il vostro desiderio di aiutare gli altri.

Cancro. Angelo Rochel

Rochel conferisce al segno del Granchio un'eccellente visione per individuare i pericoli, nonché creatività e talento per scoprire segreti nascosti. Distruggerà tutte le vostre paure e i vostri nemici. Chiedetegli di darvi chiarezza, astuzia e intelligenza.

Leone. Angelo Nelkhael

Nelkhael terrà lontana da *voi la tristezza e la scarsa autostima. Vi proteggerà dalle persone che vi calunniano per invidia e vi aiuterà a rispettare i vostri impegni e ad assumervi le vostre responsabilità. I problemi della vita quotidiana saranno più facili da risolvere sotto la sua influenza. Nelkhael vi offre sostegno nei momenti più bui e tristi.*

Vergine. Angelo Melahel

Quando viene invocato, ***Melahel elimina la*** *violenza dalla vostra vita e da ciò che vi circonda. Questo angelo fornisce un'energia che allontana i vostri nemici o vi rende invisibili. È anche legato all'armonia e alla guarigione. Vi porterà a connettervi con l'universo e a godere dei segreti della natura.*

Bilancia. Angelo Yerathel

Yerathel *offre al segno della Bilancia molta intelligenza e intuito per individuare i suoi nemici. Questo angelo vi dona lucidità e capacità di riflessione, caratteristiche che vi permetteranno di* *circondarvi delle persone giuste. Yerathel vi dona le armi della giustizia e vi permette di essere saggi e tolleranti. Invocando Yerathel, otterrete il successo.*

Scorpione. Angelo Azrael

Azrael, *conosciuto come l'Arcangelo della Morte, vi salverà dall'ingiustizia e, allo stesso tempo, rinnoverà la vostra immagine e le vostre speranze. Vi ricorda che l'universo vi ama e vi guida sulla via dell'amore, della tenerezza e dell'armonia in casa. Se volete trovare il partner giusto per creare una relazione duratura e mettere su famiglia, invocate questo Angelo.*

Sagittario. Angelo Umabel

Umabel *respinge l'invidia dalle vostre relazioni e i sentimenti che possono danneggiarvi, come la rabbia, la gelosia e l'odio.* Vi dona l'*eloquenza necessaria per esprimervi con calma e chiarezza. Vi conferisce l'arte della persuasione. Sapete come far pendere la Bilancia a vostro favore e migliorare le vostre capacità di comunicazione in modo da poter spiegare cose importanti. Vi aiuta a prendere le decisioni giuste al momento giusto.*

Capricorno. Angelo Sitael

Sitael, costruite degli scudi intorno a voi, organizzate la vostra vita e, se non sapete che strada prendere, pensateci e vi concentrerete immediatamente. Se volete migliorare la vostra situazione economica, guarire da una malattia, cambiare casa, invocare questo Angelo e attendere il miracolo.

Acquario. Angelo Gabriele

Gabriele combatterà giorno dopo giorno affinché possiate combattere le vostre battaglie. Se volete aiuto perché ci sono persone che vogliono farvi del male o mettervi in pericolo, chiedete protezione a questo Angelo. Se temete che qualcuno commetta un'ingiustizia nei vostri confronti, invocando questo Angelo sarete sicuri di neutralizzare il vostro nemico.

Pesci. Angelo Daniel

Daniel vi terrà sempre al riparo da malattie e dolori fisici, e voi uscirete sempre da ogni contrattempo e incidente che vi capiterà.

I numeri angelici e il loro significato

Stiamo evolvendo spiritualmente e ogni giorno le sequenze numeriche vengono viste da un numero sempre maggiore di persone. Questi messaggi, che provengono da una fonte superiore, cioè dai nostri angeli o spiriti guida, hanno lo scopo di guidarvi.

Gli Angeli vogliono attirare la nostra attenzione e comunicare con noi attraverso questi numeri in sequenza. È così che ci aiutano a guarire la nostra vita. Purtroppo, alcune persone ignorano questi segnali pensando che siano coincidenze, mentre in realtà sono sincronicità.

I vostri Angeli vi inviano messaggi attraverso sequenze di numeri, possono sussurrarvi sottilmente all'orecchio di guardare un posto specifico e notare l'ora sull'orologio o il numero su una pubblicità. Vi mostrano sequenze di numeri significative in modo fisico, ponendovi davanti un'auto, quando siete fermi nel traffico, con un numero di targa specifico.

Quando notate che una sequenza di numeri si ripete, chiedete agli Angeli cosa stanno cercando di dirvi e vedrete che vi daranno le informazioni di cui avete bisogno. Osservate con zelo i vostri pensieri e assicuratevi di pensare solo a ciò che volete e non a ciò che non volete.

I numeri in sequenza hanno un significato specifico, questi numeri hanno messaggi in tre dimensioni e ci guidano nella nostra vita.

Quando imparerete a interpretare questi numeri, vi sentirete più connessi agli Angeli, e questa connessione è la chiave che aprirà la porta alla pace, alla speranza e all'amore.

Ogni numero ha vibrazioni che si riferiscono direttamente al suo significato e gli Angeli attirano la nostra attenzione su queste sequenze di numeri perché provano devozione e amore per noi. Quando notate una sequenza di numeri, cercate di ascoltare ciò che il vostro Angelo vuole che facciate o sappiate.

Più vedrete questi segni, più spesso appariranno nella vostra vita. Quando capirete il significato di questi numeri e accetterete che non sono coincidenze, ma messaggi importanti con uno scopo, imparerete a comunicare con i vostri Angeli.

Queste sequenze di numeri possono essere date di nascita, anniversari, numeri di telefono o targhe di automobili, e sono un sottile promemoria del fatto che qualcosa di magico sta accadendo nella vostra vita. Sta a voi andare dentro di voi, ascoltare la vostra intuizione e scoprire cosa vi stanno dicendo i messaggi e cosa significano per voi.

Come leggere i numeri degli angeli

I numeri ci circondano nella nostra vita quotidiana e quando riconosciamo e interpretiamo queste sequenze numeriche, possiamo sentirci più connessi ai nostri Angeli. Questa connessione ci permette di creare un potente legame con il regno angelico.

Interpretare queste sequenze numeriche è un modo efficace per ricevere messaggi dagli angeli custodi e dagli spiriti guida. Dovreste sempre usare le vostre capacità intuitive.

L'ordine dei numeri in una sequenza numerica

L'ordine dei numeri in una sequenza ha un significato. Se vedete che ci sono tre cifre in una sequenza, il numero centrale è l'obiettivo principale, poiché rappresenta la chiave del messaggio,

Ogni numero deve essere analizzato in modo indipendente e poi tutte le cifre devono essere sommate fino a ridursi a uno.

Esempio*: una sequenza numerica di 172 può essere interpretata in modi diversi. Il numero 7 deve essere interpretato per primo. Poi ogni numero singolarmente 1, 7 e poi 2. Il numero intero 172 deve essere sommato e ridotto a una sola cifra 1 + 7 + 2 = 10 (1 + 0 = 1). Questo fa sì che il numero 1 sia il messaggio più rilevante di questa sequenza numerica. Ricordate di usare sempre il vostro intuito e la vostra mente per decifrare il messaggio. Non importa se non capite il messaggio da un punto di vista umano, lo capisce il vostro subconscio.*

Sequenza di numeri. Ripetizione di 0

Il numero 0 è legato alla meditazione. Il punto di partenza, la totalità e i cicli continui. Oppure è l'Alfa e l'Omega.

Il numero 0 contiene gli attributi di tutti i numeri. Alfa è l'inizio e Omega è la fine. Tutti i numeri con lo 0 vi avvicinano all'energia universale.

Se il numero 0 viene ripetuto, il suo messaggio è legato agli aspetti spirituali, poiché lo 0 rappresenta l'inizio di un viaggio spirituale e le incertezze che possono verificarsi. Quando lo 0 si ripete, vi chiede di ascoltare la vostra intuizione, perché è lì che troverete tutte le risposte.

La sequenza 00 *è legata alla meditazione. L'Universo sottolinea la necessità di prestare attenzione.*

La sequenza 000 *vuole che vi assicuriate che i vostri pensieri e desideri siano di natura positiva, perché è questo che attirerete nella vostra vita.*

La sequenza 0000 *indica che una situazione o un problema sono finiti.*

Quando viene combinato con un altro numero, il potenziale del numero 0 viene amplificato e stimola le energie e le vibrazioni del numero con cui viene combinato.

Sequenza di numeri. Ripetizione di 1
Il numero 1 ha le vibrazioni del nuovo inizio, dell'individualità, del successo, della forza e della creatività.

Il numero 1 è il numero in cui inizia ogni manifestazione. È l'energia che dà inizio a tutte le azioni ed è il numero dei nuovi progetti, del coraggio e del desiderio di espandersi a tutti i livelli.

Tutti i numeri sono divisibili per 1. Siamo tutti uno, quindi siamo tutti collegati. Quando appare il numero 1 degli angeli, è un messaggio che invita ad analizzare i propri pensieri e a concentrarsi sui propri desideri con una mentalità positiva.

L'angelo numero 1 parla di cambiamenti e di nuove azioni che richiedono determinazione se si vuole raggiungere l'obiettivo. Significa che si è aperta una porta energetica che farà sì che i vostri pensieri si realizzino rapidamente. Dovete scegliere i vostri pensieri, assicurandovi che corrispondano ai vostri desideri. Non concentratevi sulle paure, perché potreste manifestarle nella vostra vita.

__Il numero 11__ è un numero maestro ed è legato alla missione della nostra anima. L'essenza del messaggio di questa sequenza numerica è sviluppare l'intuizione e le facoltà metafisiche. Il numero 11 rappresenta l'inizio della vostra illuminazione spirituale. Se il numero 11 appare ripetutamente, i vostri Angeli vi chiedono di prestare attenzione ai vostri pensieri e alle vostre idee ripetitive.

Quando appare il __numero 111__, dovete controllare attentamente i vostri pensieri e assicurarvi di pensare solo a ciò che volete veramente.

La sequenza 1111 *appare a molte persone ed è il segno che si sta aprendo un'opportunità per voi e che i vostri pensieri si stanno manifestando alla velocità della luce. L'1111 significa che l'Universo ha appena scattato una fotografia dei vostri pensieri e sta manifestando le vostre idee in forma materiale.*

Sequenza di numeri. Ripetizione di 2
Il numero 2 *è legato alle energie di pace, diplomazia, giustizia, altruismo e armonia.*

Il numero 2 *è la vibrazione dell'equilibrio, dell'intuizione e dell'emozione. È il numero della tolleranza e se lo vedete spesso, significa che dovete avere fede, fiducia e coraggio affinché le vostre richieste si manifestino. Dovete essere pazienti, ma tutto si risolverà.*

L'essenza del numero maestro 22 è il potenziale di padronanza di tutte le aree: spirituale, fisica, emotiva e mentale. Il numero 22 è sinonimo di equilibrio e di nuove opportunità.

Quando l'Angelo numero 22 si ripete nella vostra vita, vi chiede di avere un atteggiamento equilibrato e pacifico in tutti gli ambiti della vostra vita. Il messaggio è di mantenere la fede.

*Il messaggio dell'**Angelo numero 222** è che alla lunga tutto andrà bene; quindi, non dovreste impiegare le vostre energie in cose negative.*

*La **sequenza numerica 2222** indica che dovete continuare a mantenere i vostri pensieri positivi, affermando e visualizzando positivamente. Le ricompense sono in arrivo.*

Sequenza di numeri. Ripetizione di 3
Il numero 3 *è legato alle vibrazioni e alle energie di libertà, ispirazione, creatività, crescita, intelligenza e sensibilità.*

Il numero 3 indica un'esplosione di energia in azione e rappresenta l'abbondanza a livello fisico, emotivo, mentale, finanziario e spirituale.

*Quando l'**Angelo numero 3** appare molto spesso, significa che i Maestri Ascesi sono vicini a voi. Hanno risposto alle vostre preghiere e desiderano aiutarvi nella missione della vostra anima.*

Il numero 33 *è un numero maestro e il suo messaggio è che tutto è possibile. Se state pensando a un grande cambiamento nella vostra vita, il numero 33 dice che se i vostri obiettivi e le vostre intenzioni sono di natura positiva, i vostri desideri si manifesteranno.*

Il numero 333 *vi invia il messaggio che dovete avere fiducia nell'umanità. I Maestri Ascesi stanno* *lavorando a tutti i livelli e vi proteggono. Vi guideranno sul vostro cammino.*

La sequenza numerica di 3333 *indica che i Maestri Ascesi e gli Angeli sono vicini a voi in quel momento, sono consapevoli della vostra situazione e conoscono il modo migliore per fare le cose. Vi aiuteranno.*

Sequenza di numeri. Ripetizione di 4
Il numero 4 *è legato alle energie del duro lavoro, della praticità, della produttività e della lealtà.*

Il numero 4 *rappresenta i quattro elementi: Aria, Fuoco, Acqua e Terra, e i quattro punti cardinali: Nord, Sud, Est e Ovest. Simboleggia il principio di dare forma alle idee e, quando appare costantemente, indica che i vostri Angeli sono intorno a voi. Gli Angeli vi offrono sostegno e forza affinché possiate svolgere il lavoro necessario. Si rendono conto che state lavorando per raggiungere i vostri obiettivi e vi aiutano.*

Il numero 44 indica *che gli angeli vi sostengono e che avete un forte legame con il regno angelico.*

Il messaggio della sequenza del **Numero Angelico 444** *è che non avete nulla da temere perché tutto è come dovrebbe essere e tutto sta andando bene. Le cose su cui avete lavorato avranno successo. La ripetizione*

del 444 indica che siete circondati da Angeli che vi
sostengono.

La sequenza del numero angelico 4444 indica che
siete circondati da angeli che vegliano su di voi e vi
sostengono nella vita quotidiana. Vi incoraggiano a
continuare a lavorare per raggiungere i vostri
obiettivi. Il 4444 è un messaggio che indica che l'aiuto
di cui avete bisogno è a portata di mano.

Sequenza di numeri. Ripetizione di 5

Il numero 5 è legato agli attributi di libertà personale,
individualismo, cambiamenti di vita e lezioni di vita
apprese.

Quando l'**Angelo numero 5** appare, indica che ci sono
dei cambiamenti in arrivo nella vostra vita, ma
saranno in meglio. Le energie si stanno accumulando
per forzare i cambiamenti necessari; questi
cambiamenti arriveranno inaspettati, ma porteranno
opportunità positive che vi spingeranno nella giusta
direzione.

La sequenza numerica di 55 è un messaggio dei
vostri Angeli che vi dice che è ora di liberarvi dalle
restrizioni che vi hanno trattenuto in passato. È tempo
di vivere. Il numero 55 preannuncia grandi
cambiamenti in arrivo, se non sono già in corso.

__La sequenza numerica 555__ indica che vi attendono cambiamenti monumentali nella vostra vita. Il numero 555 vi dice che queste trasformazioni significative sono arrivate e che avete l'opportunità di scoprire la vita meravigliosa che vi meritate come essere spirituale.

__La sequenza numerica 5555__ è un messaggio che indica che la vostra vita sta per subire grandi cambiamenti,

Sequenza di numeri. Ripetizione di 6

__Il numero 6__ simboleggia integrità, pace, altruismo e crescita.

Quando l'Angelo numero 6 appare ripetutamente, parla della nostra capacità di usare l'intelletto per ottenere risultati positivi. Quando appare il numero 6, i vostri Angeli vi dicono di equilibrare i vostri pensieri, di liberarvi da dubbi o preoccupazioni su questioni finanziarie.

__Il Numero Angelo 66__ è un messaggio di fiducia nell'Universo e nei vostri Angeli, affinché i vostri desideri relativi alla famiglia e alla vita sociale si realizzino. La ripetizione del numero 66 vi dice di mantenere i vostri pensieri concentrati sul raggiungimento dei vostri obiettivi.

La sequenza numerica 666* indica che è giunto il momento di concentrarsi sulla propria spiritualità per guarire i problemi della propria vita. Il numero 666 vi chiede di essere ricettivi nel ricevere e accettare l'aiuto di cui avete bisogno. L'Angelo numero 666 può anche indicare che i vostri pensieri sono squilibrati.*

***La sequenza numerica 6666** uno indica che i vostri pensieri sono squilibrati e che siete concentrati sugli aspetti materiali della vita. Le energie della prosperità vengono deviate e l'ansia è un ostacolo.*

***L'angelo numero 6666** vi chiede di bilanciare i vostri pensieri tra lo spirituale e il materiale, di mantenere la fede e la fiducia che i vostri bisogni materiali ed emotivi saranno soddisfatti.*

Sequenza di numeri. Ripetizione di 7

Il numero 7 è legato alle energie della spiritualità, della saggezza e della sapienza interiore.

Il numero 7 è un numero mistico che simboleggia il profondo bisogno interiore dell'umanità di connessione spirituale.

***L'angelo numero 7** indica che siete sulla strada giusta e che vedrete le cose scorrere liberamente per voi. Il vostro compito è quello di mantenere l'entusiasmo.*

La ripetizione del sette parla di un periodo benefico di successo e di autocontrollo e indica che le vostre ambizioni possono essere realizzate e le sfide superate.

La sequenza numerica di 77 significa che siete sulla strada giusta e che le ricompense stanno arrivando. Dovete rimanere saldi.

L'Angelo numero 777 *vi avverte che è arrivato il momento di raccogliere i frutti del vostro duro lavoro e dei vostri sforzi. I vostri desideri si avvereranno. Il numero 777 è un segno positivo.*

La sequenza 7777 *è un messaggio dei vostri Angeli che vi dice che siete sulla strada giusta e che i vostri sogni e desideri si stanno manifestando nella vostra vita. È un segno estremamente positivo e significa che altri miracoli sono in arrivo per voi.*

Sequenza di numeri. Ripetizione di 8

Il numero 8 è legato alle energie di ricchezza, denaro, potere, affari, investimenti, indipendenza, pace e amore per l'umanità.

L'angelo numero 8 indica che l'abbondanza finanziaria sta per arrivare nella vostra vita. Essendo il numero del karma, l'8 suggerisce che riceverete delle ricompense.

La ripetizione del numero 88 *è un messaggio che invita a tenere sotto controllo le proprie finanze e* *suggerisce che il lavoro sarà giustamente ricompensato.*

La sequenza numerica 888 *indica che l'obiettivo della vostra vita è sostenuto dall'Universo. L'Universo è generoso e vuole ricompensarvi, quindi la prosperità finanziaria entrerà nella vostra vita. Può anche indicare che state terminando una fase della vostra vita.*

Il numero 8888 *indica che c'è luce alla fine del tunnel ed è un messaggio che vi invita a godere dei frutti del vostro lavoro.*

Sequenza di numeri. Ripetizione di 9

Il numero 9 *è legato alle vibrazioni dell'intelligenza, della compassione e dell'intuizione.*

Quando appare il numero angelico 9, è un messaggio che indica che lo scopo della vostra vita e la missione della vostra anima è di essere al servizio attraverso i vostri talenti e le vostre passioni. ***La sequenza di numeri 99*** *è un messaggio per ricordare di vivere una vita positiva e di successo a tutti i livelli.*

Il numero 999 *indica che il mondo ha bisogno che usiate i vostri talenti, che siete un operatore di Luce e che gli Angeli vi chiedono di essere all'altezza del vostro potenziale.*

La sequenza numerica 9999 è un messaggio alle persone che sono ambasciatori di luce sul pianeta Terra, affinché continuino a far brillare la loro luce.

Ariete. Carta degli angeli di Zadchiel

Zadchiel *è l'Angelo della misericordia, che simboleggia l'altruismo e il disinteresse per il bene degli altri. Zadquiel vi aiuterà a diventare una persona compassionevole. Vi aiuterà a ritrovare gli oggetti perduti, a migliorare la memoria e a guarire fisicamente, emotivamente e mentalmente. Zadquiel vi aiuterà a imparare a perdonare voi stessi e gli altri, a ricordare informazioni importanti e a studiare. Se volete liberarvi dai pregiudizi, invocate l'arcangelo*

Zadquiel, perché uno dei suoi compiti principali è aiutarvi a vedere la vostra luce interiore.

Smetterete di vedere gli errori come aspetti negativi della vostra vita e inizierete a vederli come un modo per imparare. Vedrete anche i vostri fallimenti come benedizioni nella vostra vita, perché la perfezione è impossibile da raggiungere e anche nel caos c'è bellezza.

Cercherete di concentrarvi per diventare la versione migliore di voi stessi, la persona migliore che possiate immaginare. L'Arcangelo Zadquiel è un essere superiore che potete invocare quando provate frustrazione, tristezza o negatività. Le sue armate possono aiutarvi a trovare il lato positivo di ogni situazione e a sentirvi meglio dal punto di vista emotivo.

È il momento di lasciar andare i sensi di colpa per gli errori commessi in passato. Riconoscete a voi stessi il merito di aver fatto del vostro meglio, anche se i risultati non sono stati quelli che avreste voluto. Concentratevi sui cambiamenti che avete fatto e che vi hanno reso una persona migliore.

Uriel, l'Angelo delle Chiavi, vi avverte di intraprendere nuovi percorsi e di guardarvi dalle cattive influenze. Se state iniziando a dubitare di voi stessi o a perdere la fede, questa carta vi ricorda che tutto è possibile attraverso l'apprendimento. La conoscenza può aprire tutte le porte e le nuove competenze possono aprire tutte le serrature. La *fiamma della conoscenza non muore mai ed è alla vostra portata.*

Uriel non vi condurrà mai su un sentiero incerto senza motivo. Egli è lì per sostenervi lungo il vostro cammino, permettendovi di dire la vostra verità e di diventare la migliore versione di voi stessi.

Questa lettera vi ricorda che siete più saggi di quanto pensiate e che la vostra saggezza interiore vi darà tutte le risposte che state cercando. Accogliete questa conoscenza e fidatevi di essa. Se avete dei dubbi, chiedetele di darvi dei segnali chiari che convalidino le vostre idee.

Uriel aiuta a illuminare le situazioni più torbide. Tuttavia, illumina solo un passo alla volta, quindi potreste non essere in grado di discernere chiaramente il risultato delle vostre azioni. Dovete avere fiducia nel fatto che, con l'aiuto di Uriel, saprete qual è il passo successivo da compiere lungo il cammino.

Non dimenticate mai che il perdono può fare miracoli. Quando si libera il passato, ci si toglie un peso dalle spalle e si prova un senso di libertà. Chiedete a Uriel di aiutarvi ad alleviare la tristezza o il dolore causato da altri, in modo da poter essere liberi.

Gemelli. Carta dell'Angelo Raffaele

Rappresenta la forza e la brillantezza personale.

Per raggiungere il successo è necessario capitalizzare la propria personalità. Il dono più potente di Raphael è la sua capacità di trasformare le vite attraverso una cascata di energia positiva. È possibile accedere a questo canale energetico attraverso affermazioni o tecniche di meditazione. Nel corso della storia, Raffaele è apparso in molte religioni diverse, il che lo rende un Arcangelo accessibile a persone di tutte le fedi.

Non è il momento di rinunciare alle relazioni malsane. C'è ancora speranza per il futuro.

La vostra vita subirà grandi cambiamenti. Potreste trovarvi in una nuova carriera, in una nuova relazione, o trasferirvi in una nuova casa o città. Abbracciate questi eventi emozionanti, Rafael sarà al vostro fianco per tutto il percorso.

Ricordate che il futuro è sempre in evoluzione. Se il risultato non vi piace, avete la possibilità di modificarlo. Se il risultato vi piace, continuate a seguire il vostro percorso attuale. Per rimanere sulla strada attuale, continuate a fare quello che state facendo. Calmatevi o cambiate l'intensità con cui state lavorando.

Raffaele vi aiuterà a riconoscere le ramificazioni delle vostre azioni e il vostro scopo nella vita.

Cancro. Carta dell'Angelo Haniel

Rappresenta tutto ciò che la terra ha da offrire. Si prospetta una nuova fase di successo nella vostra vita.

Haniel potrebbe chiedervi di rallentare e di riflettere attentamente sulle azioni che volete intraprendere.

Haniel sta cercando di guidarvi verso una scelta superiore, quindi mettete da parte tutto ciò che pensate di sapere sulle circostanze o sulla situazione attuale e permettete semplicemente all'Universo e ad Haniel di mostrarvi la strada.

Quando dovete prendere una decisione importante, questo Angelo vi invierà molti segnali attraverso la sincronicità su quale sia la strada giusta da percorrere.

È importante che vi prendiate un po' di tempo per riorganizzarvi, perché questo Angelo potrebbe venire a darvi la guida di cui avete bisogno in quel momento.

Questa lettera è apparsa per portarvi messaggi di speranza e per indicarvi che è tempo di diventare più consapevoli di tutti i messaggi che l'Universo e Haniel vi stanno inviando.

Forse avete bisogno di risposte ad alcune domande difficili, o forse vi state chiedendo se le cose andranno mai meglio nella vostra vita. Haniel è apparso per dirvi che lo farete, tuttavia, pensate attentamente a ciò che dite agli altri e a ciò che loro dicono a voi. Haniel non vi giudicherà mai per quello che pensate o dite, ma vi esorterà a concentrarvi sulle cose che vi danno un senso di gioia, pace e gratitudine.

Gabriele vi mostra la dualità del bene e del male. Preannuncia viaggi,
 Potreste iniziare ad avere dei pensieri nella vostra mente che vi sorprenderanno. È importante tenere presente che quanto più forte è la vostra reazione emotiva a questi pensieri, tanto più dovreste prestarvi attenzione. Notate cosa vi dicono gli altri che coincide con quello che state pensando. Quando chiedete a Gabriel di confermare che quello che state pensando è

vero, lui è sempre pronto ad agire, quindi prestate attenzione.

Potreste essere portati a dedicare un po' di tempo alla meditazione o alla lettura di libri di auto-aiuto. Gabriel vi incoraggia a farlo perché sa quanto sia importante riempire la mente di pensieri positivi.

Gabriel vi permette di capire che, mentre fate dei cambiamenti nella vostra vita e affrontate delle sfide, siete completamente al sicuro. Egli sa cosa è meglio per voi. Ricordate che quando vi viene chiesto di aspettare, significa che c'è qualcosa di meglio di quanto possiate immaginare, preparato solo per voi. Per questo dovete accettare la situazione.

Non abbiate fretta quando vedete qualcosa che potrebbe spezzare la vostra volontà. La porta successiva si aprirà quando sarà il momento e avrete nuova forza.

Remiel rappresenta la misericordia di Dio, mostrando che vi è stato negato qualcosa. In questo anno 2024 è molto importante dedicarsi all'acquisizione di nuove conoscenze, idee e competenze. Forse volete iniziare a imparare e questa carta vi incoraggia a seguire questo desiderio.

Se state studiando, Remiel vi chiede di continuare la vostra formazione. A volte, nel processo di acquisizione di nuove conoscenze e competenze, abbiamo il desiderio di metterle rapidamente alla prova nella pratica, il che porta molte persone ad abbandonare precocemente la scuola.

Questa lettera vi consiglia di non avere fretta. Continuate a studiare. La crescita personale che deriva dall'apprendimento può portarvi gioia.

Remiel sa di avere molte responsabilità nella vita, quindi ha bisogno di tempo, denaro e altre risorse. Questa carta vuole ricordare che dosi regolari di divertimento possono aiutare a raggiungere i propri obiettivi. Divertitevi e ridete, rilassatevi. In questo stato, diventate più ricettivi alle nuove idee, alle connessioni spirituali, agli insegnamenti e all'energia divina.

Inoltre, la vostra allegria attira a voi molte persone meravigliose che possono aiutarvi. Il vostro atteggiamento positivo nei confronti del mondo vi apre nuove opportunità.

L'arcangelo Michele rappresenta la giustizia e le forze del bene che prevalgono sul male.

Non siete obbligati a perdonare gli errori, ma se perdonate qualcuno, troverete la pace. Si rende conto che questi sentimenti possono essere del tutto giustificati, ma vi chiede di vedere il prezzo elevato che state pagando per aver accumulato tutta questa rabbia.

Liberatevi di tutto il dolore e la rabbia del passato. Quando perdonate voi stessi e gli altri, il vostro karma viene ripulito dal peso degli errori del passato.

Tutto il potere del creatore è dentro di voi. Tutto il potere dell'amore e della saggezza divina è a vostra disposizione. Avete la capacità di vedere gli angeli e il futuro, e avete anche l'intelligenza di conoscere la saggezza universale della mente divina.

Grazie alla vostra forza emotiva, sarete in grado di tenere testa agli altri e il vostro potere psichico sarà davvero infinito nel corso del 2024. Gli angeli vi chiedono di eliminare tutte le paure legate all'uso della forza. Vedono il vostro vero potere irradiato dall'Amore Divino. Permettete a voi stessi di risplendere di questo amore, affinché il vostro vero potere possa realizzare i miracoli di cui avete bisogno.

A volte potete pensare di essere tenuti in ostaggio dalle circostanze della vita, ma questa carta vi chiede di rendervi conto che siete voi stessi prigionieri. Quando capirete che potete liberarvi, lo farete immediatamente.

Tutto ciò che fate nella vostra vita, lo fate per scelta. Anche i prigionieri sono liberi di scegliere i loro pensieri, per cui possono trovare pace e felicità in qualsiasi circostanza. La prossima volta che iniziate una frase con le parole "Sono obbligato...", fermatevi. Chiedete a Miguel di mostrarvi delle alternative. Lui vi aiuterà.

Scorpione. Carta dell'Angelo Raziel

È l'Angelo dei segreti e dei misteri. Nel 2024 vi svelerà i misteri del mondo terreno e spirituale.

Quest'anno segna l'inizio di un periodo di crescita spirituale nella vostra vita e anche se vivrete sentimenti contrastanti di confusione, paura e sorprese, non dovete perdere la calma. Scartate le vostre paure. Raziel vi sostiene, vi ama e vi guida in ogni istante. Non preoccupatevi di come il vostro futuro si armonizzerà con la vostra crescita.

Riceverete messaggi importanti nei vostri sogni. È un periodo di meravigliosi cambiamenti nella vostra vita, quindi fidatevi di Raziel, si occuperà esattamente di ciò che volete.

I cambiamenti nella vostra vita possono essere dolorosi se non mostrate flessibilità di pensiero. Se avete un nuovo amore, ricordate che il passato rimane nel passato, lontano dalla nuova felicità.

Avete bisogno di espandere i vostri orizzonti e Raziel è qui per aiutarvi. È il momento di ascoltare il vostro cuore. Rendetevi conto dell'importanza del tatto e non siate troppo testardi. Abbiate fiducia in voi stessi. Non preoccupatevi. Qualunque sia la sfida da affrontare, siete sulla strada della serenità.

Avete bisogno di conforto e questo angelo vi dà fiducia. Presto sarete sulla strada della felicità e dell'armonia di cui avete bisogno. Fate delle buone azioni, vi aiuteranno a sentirvi meglio e riceverete cose buone in cambio.

Sagittario. Carta dell'Angelo Metatron

Egli rappresenta la grandezza e la forza che una persona dovrebbe avere. Invitando Metatron nella vostra vita, vi aprite a ricevere la guarigione spirituale ed energetica, a purificarvi da ogni negatività. Vi proteggete dalle malattie e, naturalmente, vi avvicinate alla trasformazione.

Dovete onorare tutte le emozioni che provate in questo momento, siano esse positive o negative. Le emozioni possono insegnarci molto sui nostri veri sentimenti e sulle persone o situazioni che li hanno evocati.

Potreste ricevere feedback da altre persone e questo è lo specchio per vedere cosa c'è dentro di voi.

Metatron vi protegge tagliando le corde che vi legano a persone, luoghi e cose. Se avete paura, mancanza di coraggio o bisogno di protezione, immaginate il suo mantello protettivo intorno a voi, che vi aiuta a vivere la vostra verità. Questa è una carta speciale. Siete guidati e sostenuti. Metatron è con voi in questo momento e c'è un messaggio speciale che vuole condividere con voi. Chiudete gli occhi, fate qualche respiro profondo, entrate in voi stessi e rilassatevi. Ascoltate il consiglio che ricevete.

Siete perfetti, e questo è un fatto spirituale. Metatron vi abbraccia dolcemente e vi fa sapere che siete un essere spirituale perfetto. Non siete soli, non importa come vi sentite. Mettete tutte le vostre preoccupazioni nelle sue mani e permettetegli di guarire i vostri problemi attraverso la guida divina.

La vostra vita ha un significato e ogni passo è una parte essenziale del vostro viaggio, ma siate certi di essere protetti in ogni momento e che tutti gli angeli vegliano su di voi con grande amore. Fiducia.

È l'Angelo che dà consigli agli uomini per guidarli nel loro percorso di vita.
 La vostra anima gemella entrerà nella vostra vita. Se siete liberi, considerate la carta come un segno di Raguel che la vostra anima gemella è presente.

Supponiamo che abbiate una relazione e che sappiate che non è la vostra anima gemella. In questo caso, voi e il vostro partner sarete guidati dolcemente a migliorare la relazione, o a concluderla con grazia, per ottenere una nuova relazione con la vostra anima gemella.

Una migliore concentrazione sui desideri del vostro cuore e un migliore contatto con il vostro Sé superiore vi aiuteranno a portare a termine tutti i lavori e i problemi che avete rimandato. Potreste avere una lista di obiettivi per quest'anno 2024, ma dovreste liberare la mente e focalizzare meglio i vostri pensieri su ciò che volete veramente e sarete in grado di realizzare i vostri desideri.

Visualizzare i vostri desideri è il modo più veloce per aprire la porta all'universo e alla sua offerta di realizzarli. Non preoccupatevi di come i vostri desideri si realizzeranno. Lasciateli nelle mani dell'universo.

Ascoltate il vostro sé superiore e chiedete agli angeli di guidarvi. Iniziate ad agire non appena vi sentite incoraggiati. A volte i risultati non saranno quelli che vi aspettavate, ma questo è il bello della vita e dell'universo. Siete guidati verso ciò di cui avete veramente bisogno.

Acquario. Carta dell'Angelo Amiel

È foriero di cambiamenti a cui dovrete adattarvi e di territori sconosciuti che dovrete visitare.

Concedetevi del tempo di qualità con la famiglia e gli amici. Potete trarre molta forza da coloro che vi vogliono bene. Se avete un problema con un familiare o un amico, Amiel vi incoraggia a portarlo in superficie.

La liberazione e la guarigione vi renderanno liberi, creando opportunità più favorevoli per voi. O forse il semplice atto di trascorrere del tempo di qualità con i vostri cari produrrà risultati positivi.

Con l'avanzamento spirituale, diventerete più sensibili alle vibrazioni dense e negative della realtà, oltre che alle dimensioni superiori dell'amore. Questa carta è un incentivo a ripulire il vostro spazio energetico.

Quest'anno, respirate con calma e immaginate di essere circondati da una sfera di luce bianca. Amiel vi porta le sue benedizioni.

Le vostre preghiere saranno ascoltate ed esaudite. L'amore, le finanze, l'amicizia e la famiglia saranno determinati dal vostro atteggiamento. Chiedete ad Amiel di aiutarvi a trattare voi stessi con il rispetto che meritate. Quando siete in questo stato di autostima, siete pieni di energia positiva che si riversa sulle persone che vi circondano. Questo vi permette di attrarre relazioni positive e amorevoli che sono gratificanti.

Pesci. Carta degli angeli di Dobiel

Messaggero dei segreti divini.

Che si tratti di angeli, familiari, vicini o amici, riceverete aiuto. Chiedendo aiuto, permettete all'universo di agire a vostro favore. Credete che sarete condotti verso la persona o la situazione giusta che potrà aiutarvi in qualsiasi questione.

Non siamo isole a sé stanti e non siamo obbligati a risolvere ogni problema in modo indipendente. Agli angeli piace condividere, e un problema condiviso è metà del problema. Non abbiate mai paura di chiedere aiuto. I miracoli esistono e ne avete diritto.

Dovete incoraggiarvi a rimanere positivi e a concentrarvi solo su ciò che volete. Pensare a ciò che non si vuole mantiene solo risultati negativi. Anche una piccola concentrazione sui pensieri positivi può cambiare la vostra vita in meglio.

Se sentite che vi manca un approccio positivo, chiedete aiuto all'universo e, soprattutto, credete che vi aiuterà. Anche solo questo piccolo gesto contribuirà a fare una differenza notevole nella vostra vita.

Avete le capacità, la fiducia e le conoscenze per gestire un'attività di successo. Cosa stai aspettando? Con questa carta, Dobiel vuole dirvi che avete il talento per avere successo nella vostra attività. Se avete pensato di diventare indipendenti e di iniziare a lavorare per voi stessi quest'anno, 2024, questa carta è un buon segno che la vostra intuizione è giusta. A volte è difficile fare il primo passo, ma siate certi che Dobiel vi sta guidando in questa faccenda e fidatevi di lui.

Significato di 2024

Il 2024 è il numero perfetto per creare. Infatti, la sua vibrazione è legata a un vasto regno di infinite possibilità.

Questa vibrazione può assumere forme diverse. Può trattarsi di dare forma al vostro futuro o di dipingere nella vostra mente un'immagine di come sarà la vostra vita quando i vostri desideri più profondi si realizzeranno. Questo vi darà la motivazione necessaria per andare avanti nella vostra vita.

Il 2024 è un anno potente perché i vostri sensi psichici saranno potenziati. Se desiderate avere più intuizione o aprire la vostra percezione, questo è l'anno perfetto per farlo. È il momento perfetto per creare nel senso letterale del termine. Infatti, è un numero angelico molto creativo.

Colori angelici per la guarigione fisica e spirituale nell'anno 2024

I colori che ci circondano e quelli che scegliamo per decorare la nostra vita hanno significati e vibrazioni specifiche che ci influenzano in modi diversi.

Tutti i colori influenzano il nostro stato d'animo e i nostri sentimenti. Ecco perché i colori sono stati usati per curare le malattie, per proteggersi, per attirare l'anima gemella e per sollevare lo spirito.

L'effetto dei colori sulla mente umana e la capacità di usarli per esprimere emozioni e situazioni sono stati utilizzati fin dalla preistoria. Per questo motivo, l'importanza dei colori è fondamentale per la continuazione della nostra specie e per la nostra sopravvivenza.

Il significato dei colori può essere espresso a livello emotivo e spirituale. A livello emotivo, sentiamo l'influenza del colore sul sistema nervoso. Colori diversi evocano sensazioni diverse. I colori possono indurre all'azione, alla calma, all'ansia o alla tranquillità; quindi, il nostro stato d'animo è influenzato dai colori che scegliamo per i nostri abiti e per il nostro ambiente.

Ariete. Colore verde 2024

Il verde è un colore utilizzato per la guarigione, in quanto genera benessere. È considerato il colore ideale per la guarigione, stimola la crescita, la forza vitale, equilibra il corpo e la mente e rafforza. Il verde è ringiovanente e antinfiammatorio. Aiuta la memoria, allevia la paranoia e l'esaurimento nervoso.

Il colore verde ha un effetto palliativo sul sistema nervoso, calma l'irritazione e allevia il dolore. Dal punto di vista fisico, è legato ai muscoli, alle ossa e ai polmoni. È ottimo per trattare i problemi legati al cuore e al sistema circolatorio. Riequilibra la pressione sanguigna.

Il colore verde è curativo per i sentimenti di rimorso e per il superamento delle emozioni limitanti. L'energia verde guarisce l'insicurezza e il senso di inadeguatezza.

Il colore verde aiuta a superare gli ostacoli e a cambiare direzione, stimola l'ipofisi ed è efficace per alleviare gli squilibri emotivi. Può essere utilizzato per combattere gli attacchi di panico e le dipendenze.

Toro. Colore marrone 2024

Il marrone aiuta a controllare l'iperattività, l'ipertensione e l'ansia, poiché è ricostituente. Il marrone può anche aiutare ad alleviare situazioni dolorose, sia fisiche che emotive, poiché ha un effetto

*stabilizzante e fornisce un senso di guarigione.
Facilita la connessione con la Terra e dà un senso di
ordine.*

*Il marrone contribuisce alla stabilità di tutti i sistemi
dell'organismo e del sistema immunitario.*

Gemelli. Colore giallo 2024

*Il giallo viene utilizzato per ridurre la depressione,
poiché risveglia sentimenti di gioia e felicità.*

*Il giallo stimola la mente e il sistema nervoso, attiva
la memoria e la comunicazione. È collegato al fegato,
allo stomaco, alla tiroide, alle tube, all'intestino
crasso e a quello tenue.*

*Il giallo viene utilizzato per controllare le ghiandole
surrenali, la cistifellea, il fegato e lo stomaco.*

*Il giallo può essere usato per trattare problemi
psicologici come la depressione e la malinconia, aiuta
la scarsa memoria e può essere usato per trattare
l'esaurimento psicologico. Ha la capacità di lavorare
sulla paura e di sciogliere gradualmente la tensione.
Questo colore è legato all'autostima, all'ego, al
coraggio e alla fiducia in sé stessi.*

Colore rosso cancro 2024

*Il rosso è usato per trattare le malattie paralizzanti e
per stimolare l'energia vitale. È rivitalizzante e aiuta a*

superare la depressione e la malinconia. Aiuta chi ha paura della vita.

Questo colore è collegato alle ghiandole surrenali e ai sensi dell'udito, dell'olfatto, del gusto, della vista e del tatto. Il rosso è collegato al sistema circolatorio, al cuore, agli organi sessuali e alla vescica. Il rosso provoca un aumento dell'emoglobina e innalza la temperatura corporea.

Questo colore è benefico per gli stati di debolezza, per il trattamento dell'artrite, dei dolori muscolari e delle malattie batteriche, oltre a stimolare il metabolismo.

Se tendete a soffermarvi sul passato, il rosso vi aiuterà a concentrarvi sul momento.

leone. Rosa 2024

Il rosa ha proprietà curative benefiche, ma è anche il colore dell'amore incondizionato.

Questo colore ha la capacità di aumentare la pressione sanguigna, la frequenza cardiaca e le pulsazioni, oltre a stimolare e dare fiducia.

Aiuta a ritrovare la giovinezza, si usa per trattare i problemi legati alla mancanza di autostima, i sentimenti di solitudine e si usa per alleviare la gelosia. Può anche essere usata per calmare i problemi emotivi e mentali, è molto rilassante e promuove sentimenti di appagamento.

**Vergine. Colore grigio 2024
saggezza.**

Il grigio è eccellente per la pulizia mentale e fisica. Il grigio rimuove le energie negative dal corpo e le sostituisce con energie positive.

È il colore dell'intelletto e della saggezza interiore, che incoraggia e rafforza la pazienza e la perseveranza. Il grigio è considerato un colore classico ed elegante. È il colore della dignità e dell'autorità.

Sterlina. Colore blu 2024
Il colore blu simboleggia la calma e la pace mentale. È un colore che aumenta la consapevolezza e la connessione con i regni angelici.

Questo colore abbassa la pressione sanguigna, calma il sistema nervoso ed è antinfiammatorio. Dona tranquillità, pace mentale e riduce il dolore.

Regola il sonno, rilassa e rinfresca e porta chiarezza mentale. Il blu rappresenta l'ispirazione e l'espansione spirituale.

Scorpione d'oro Colore 2024
L'oro è un colore curativo e trasformativo.

In cromoterapia viene utilizzato per superare le dipendenze ed è antidepressivo perché è fonte di ispirazione.

L'oro è legato alla fiducia e all'autostima, alla creatività, all'abbondanza e alla prosperità.

Sagittario. Colore arancione 2024 coraggio e vitalità

Le energie curative del colore arancione stimolano la consapevolezza interiore. In terapia, l'arancione viene utilizzato per rivitalizzare le energie. Si usa per le malattie emotive e per aiutare gli stati depressivi, poiché risveglia la gioia e l'interesse per la vita. Ha la capacità di eliminare la mancanza di fiducia in sé stessi e ha un effetto antispasmodico sul corpo umano.

Si usa per trattare asma, bronchite e altri problemi respiratori. Aiuta inoltre a mantenere una buona vista e rafforza il sistema immunitario.

Il colore arancione rafforza il corpo eterico e promuove la salute generale.

Capricorno. Colore Magenta 2024
Il magenta è un colore legato alle capacità di guarigione. In terapia, è il colore della guarigione e viene utilizzato per trattare i problemi legati al cervello e per calmare i sentimenti di frustrazione.

Questo colore può essere usato per negoziare la calma e la pace tra coloro che sono in disaccordo.

Il magenta è legato alle passioni forti ma controllate ed è un colore che incoraggia l'audacia.

Questo colore rappresenta la compassione e la gentilezza ed è il colore dell'equilibrio emotivo e dell'armonia universale.

È il colore del cambiamento e della trasformazione e aiuta a liberare i vecchi modelli di comportamento che ostacolano lo sviluppo personale e spirituale, incoraggiando ad assumersi la responsabilità di creare le proprie realtà.

Acquario. Colore bianco 2024
Il bianco ci sintonizza su una frequenza spirituale più elevata e sull'amore divino. Favorisce la chiarezza mentale e ci incoraggia a rimuovere gli ostacoli.

Ha proprietà purificanti, aiuta a pensare con chiarezza e rivela verità. È un colore curativo e ha il potere di trasformare.

In terapia, il bianco viene utilizzato per stimolare la coscienza e nella guarigione delle malattie, equilibrando tutti i sistemi spirituali.

Le vibrazioni del colore bianco sono le più rapide dello spettro e comprendono tutti i colori. È considerato il colore della verità, della purezza, della neutralità, della pace e dell'armonia.

Pesce. Colore argento 2024

L'argento è un colore curativo che favorisce la crescita spirituale. Rimuove le energie negative dal corpo e le sostituisce con energie positive. È legato alla rinascita e alla reincarnazione e alla guarigione degli squilibri ormonali. È un colore eccellente per la pulizia emotiva e mentale, poiché agisce sulle emozioni.

In terapia, il colore argento viene utilizzato per gli squilibri ormonali e le malattie ginecologiche.

Il colore argento simboleggia le energie protettive e rappresenta il mistico e il misterioso. L'argento aiuta a eliminare e neutralizzare le energie oscure.

Previsioni angeliche per segno 2024

Previsioni per l'Ariete

Il 2024 indica che vi aspettano amore, nuove conoscenze e passione. Potrebbero arrivare ricchezze inaspettate, che vi daranno sicurezza nella vostra vita finanziaria. Ma ricordate che dovete accettare l'incertezza ed essere aperti a cambiamenti inaspettati nella vostra vita. Nella vita professionale otterrete successi e riconoscimenti.

Un futuro luminoso vi attende. È consigliabile guardarsi dentro e valorizzare le qualità che possedete fin dall'infanzia, ricordando che maturare non significa abbandonare la vostra essenza più pura, ma lasciarla crescere con voi. Avrete la possibilità di trovare un lavoro più affine ai vostri interessi e che stimoli la vostra vita sotto molti aspetti, oltre a quello economico.

Previsioni per il Toro

L'anno 2024 sarà fortunato anche nella sfera materiale, ma dovrete lavorare sodo per ottenere tutto ciò che desiderate.

Avrete molto benessere economico e gioia interiore. Dovete essere pronti a ricevere protezione nella sfera economica, la prosperità entrerà nella vostra vita in modo tale da far scomparire gli inconvenienti materiali. Inizierete una nuova vita e potrete raggiungere anche l'abbondanza spirituale.

Potrebbero esserci delle difficoltà nel risolvere i problemi, quindi dovete avere fiducia e sicurezza in voi stessi, perché tutto sarà una prova che sarete in grado di superare.

Il vostro angelo vi consiglia di stare lontani dalle situazioni di conflitto e di cercare di neutralizzare le critiche dei vostri colleghi di lavoro.

Mantenete la vostra disciplina, senza trascurare la ricerca di un lavoro che vi offra condizioni migliori e un ambiente più sano. Chiuderete l'anno con diverse proposte sul tavolo, quindi ricordatevi di chiedere l'illuminazione divina per prendere le decisioni migliori.

Previsioni per i Gemelli

Amore e sicurezza vi vengono incontro quest'anno. Avrete un partner stabile e felice.

Amore e gioia. La luce dell'amore sta arrivando nella vostra vita, dovete solo avere pazienza. Godetevi la stabilità e la felicità che sta arrivando e che dovreste accogliere a braccia aperte. Lasciate andare i sentimenti di solitudine e ricevete l'amore puro che vi aspetta. I vostri sogni stanno per realizzarsi. Forse i vostri desideri non si realizzeranno esattamente come volevate, ma la ricompensa sarà esattamente quella che speravate.

Il vostro angelo vi avverte di situazioni che potrebbero aggravarsi se non prestate loro la dovuta attenzione. Fate attenzione soprattutto ai problemi o ai disturbi addominali, che possono coinvolgere anche gli organi riproduttivi. Un'attenzione tempestiva preserverà la vostra buona salute.

Dopo un periodo in cui le vostre finanze hanno cavalcato le onde, quest'anno tornerà la stabilità nella vostra vita.

Previsioni sul cancro

Ricordate come vi sembrava magico il mondo intorno a voi durante la vostra infanzia? Gli Angeli vi chiedono di ripristinare quella sensazione di magia ricordando i meravigliosi poteri che vi circondano. Gli Angeli vogliono davvero sostenervi, aiutarvi a scartare le ansie inutili per irradiare gioia e spontaneità come un bambino.

Proteggerete la vostra libertà al di sopra di ogni altro valore, nonostante le critiche degli altri o le possibili discussioni che potrebbero sorgere.

È possibile che iniziate a sentirvi più a vostro agio da soli che in aziende che non vi permettono di crescere. I viaggi e le lunghe conversazioni con gli amici possono darvi il via libera per cambiare partner o ripensare i termini della vostra relazione.

Sarà un anno di prova, perché rimarranno solo quelli che capiranno la vita liberamente, mentre quelli che non la capiranno prenderanno sicuramente strade diverse.

Previsioni per il leone

Non siete soli, gli Angeli custodi vogliono dirvi che non vi abbandoneranno mai. Nulla di ciò che pensate, dite o fate può respingere i vostri assistenti divini.

Mantenete la calma nelle situazioni della vita quotidiana, perché quest'anno potreste continuare a soffrire di insonnia. Non cercate di affrontare più di quanto le vostre forze siano in grado di gestire e vedrete cambiamenti positivi nella vostra salute fisica e mentale.

La vostra economia subirà grandi cambiamenti nel corso del 2024. Dovreste stare lontani da persone il cui atteggiamento vi toglie energia invece di darla. Non abbiate paura delle novità; ricordate che il vostro angelo sarà disposto ad aiutarvi a trovare un nuovo lavoro in modo eccellente e veloce.

Il vostro angelo vi consiglia di concentrarvi sul lavoro e di mettere da parte la competitività del vostro segno, perché tutta questa energia si tradurrà in capolavori, a patto che vi concentriate.

La vostra brillantezza personale sarà inconfondibile, le vostre possibilità sentimentali si moltiplicheranno, per questo i vostri angeli vi raccomandano di rimanere prudenti e di evitare le tentazioni per concentrare le vostre energie sulla strada giusta.

Previsioni per la Vergine

Quest'anno dovreste scegliere una professione che vi piace. Gli Angeli vi aiuteranno a trovare questi talenti in voi stessi.

Siate pronti ad affrontare eventi inspiegabili e sfruttate al meglio ogni opportunità. Gli Angeli Saggi vi propongono di liberarvi delle abitudini che vi impediscono di andare avanti. Fate diverse cose e osservate la vostra vita con interesse. Se il cammino da percorrere è complicato, agite come se steste esplorando un luogo sconosciuto. Gli Angeli vi ispirano ad andare avanti con aspettativa e speranza.

Avrete la possibilità di creare il vostro destino sentimentale, mettendo da parte i dubbi e correndo qualche rischio in più.

Prendete le dovute precauzioni, perché un incentivo o un premio farà sì che molte persone invidieranno i vostri trionfi. Il vostro angelo vi consiglia di rafforzare la vostra autostima e di riconoscere che siete un essere dotato che merita il meglio che l'universo può darvi.

Se avete un partner stabile, la fine dell'anno sarà un momento molto favorevole per portare avanti gli impegni volti a unire i gruppi familiari e a riorganizzarsi. I grandi investimenti sostenuti dal partner avranno risultati positivi.

Previsioni per la Bilancia

L'anno 2024 è molto importante per voi. Dovete meditare più spesso. Per farlo, quando vi svegliate al mattino, rimanete a letto per i primi cinque minuti con gli occhi chiusi e respirate profondamente. Parlate con loro e poi ascoltate attentamente il messaggio che vi verrà inviato.

Gli Angeli vi dicono di stare lontani da tutte le attività che non rispecchiano le vostre intenzioni.

Tutte le questioni relative al lavoro, alle relazioni e alla salute saranno risolte con sorprendente successo. Gli angeli vi guidano costantemente verso azioni che correggeranno qualsiasi situazione negativa.

Il vostro angelo vi indicherà la via della riconciliazione con chi avete lasciato e vi ricorderà che è una cattiva idea separarsi da chi vi ha dimostrato una fedeltà costante.

Possono verificarsi allergie e problemi alla gola.

Il vostro angelo attiverà la vostra vita sociale in modo inimmaginabile. Mantenete un ritmo rilassato ed evitate esercizi molto impegnativi.

Previsioni per lo Scorpione

Quest'anno, 2024, dovete fidarvi del vostro intuito. Questo è ciò che gli Angeli vi stanno dicendo. Le sensazioni intuitive che provate, le visioni, la voce interiore, sono tutti tentativi di dirvi qualcosa di importante; quindi, dovete fidarvi e seguire queste linee guida.

Ricordate che quando vi viene chiesto di aspettare, significa che c'è qualcosa di meglio di quanto possiate immaginare preparato solo per voi. Per questo motivo dovete cambiare atteggiamento e accettare la situazione. Rilassatevi.

Chiedete al vostro Angelo di sostenervi durante l'anno, in modo da poter ascoltare i consigli divini. Non abbiate fretta quando vedete qualcosa che potrebbe spezzare la vostra volontà.

La porta successiva si aprirà quando sarà il momento e voi acquisterete nuova forza.

Gli angeli vi aiuteranno a soddisfare i vostri bisogni romantici. Chiedete loro aiuto e accettatelo. Gli angeli vi aiuteranno a trovare l'amore della vostra vita, vi guideranno, mostrandovi la strada per realizzare i vostri desideri.

Ad esempio, potreste sentire un forte desiderio di andare in un certo posto. Lì incontrerete una persona con la quale vi legherete in un rapporto d'amore.

Gli Angeli vogliono anche che miglioriate la vostra istruzione.

Previsioni per il Sagittario

Inizia un nuovo capitolo della vostra vita. Avrete un nuovo partner o una vecchia relazione sarà ripristinata. Aprite il vostro cuore a questo nuovo sentimento d'amore che vi arriverà.

Osservate con attenzione le persone che incontrate sul vostro cammino, siate aperti ai cambiamenti nelle relazioni esistenti e non attaccatevi troppo alle vostre vecchie idee su di loro. È arrivato il momento di fare cambiamenti meravigliosi nella vostra vita, quindi fidatevi degli Angeli.

Alcuni cambiamenti nella vostra vita possono essere dolorosi se non mostrate sufficiente flessibilità nei vostri pensieri e nelle vostre azioni. Se avete un nuovo amore, ricordate che il passato deve rimanere nel passato, lontano dalla nuova felicità.

La vostra attuale relazione potrebbe finire o, al contrario, passare a una nuova fase di rinnovato amore, gli Angeli vi chiedono di fidarvi di loro e di seguire le loro istruzioni.

Se avete già una relazione stretta con qualcuno, gli Angeli vi chiedono di darle una possibilità e di decidere cosa farne, cercando di svilupparla al livello successivo o di chiuderla per far posto a un nuovo amore. In entrambi i casi, gli Angeli saranno con voi, aiutandovi a scegliere la strada giusta!

Previsioni per il Capricorno

È il momento di istruirsi. Gli Angeli vi consigliano di non risparmiare le vostre forze o il vostro tempo per questa attività, ma di leggere, ascoltare e sviluppare.

Durante quest'anno è molto importante che vi dedichiate all'acquisizione di nuove conoscenze, idee e competenze. Potreste voler iniziare a imparare e, se state studiando, gli Angeli vi chiedono di continuare la vostra formazione.

A volte, nel processo di acquisizione di nuove conoscenze e competenze, abbiamo il desiderio di metterle rapidamente alla prova nella pratica, il che porta molte persone ad abbandonare precocemente la scuola. Continuate la vostra istruzione.

La crescita personale che accompagna l'apprendimento può portarvi gioia se ricordate che i vostri pensieri hanno bisogno di rimanere qui e ora.

Chiedete ai vostri angeli di aiutarvi a liberarvi della paura della povertà per poter godere appieno della crescita dell'abbondanza. Gli angeli segnalano l'afflusso di abbondanza nella vostra vita. nella vostra vita. Continuate a credere, questo vi darà un costante sostegno materiale, emotivo, spirituale e intellettuale.

Previsioni per l'Acquario

Quest'anno rilassatevi, date agli Angeli l'opportunità di aiutarvi. Tutto ciò a cui rinunciate sarà sostituito da qualcosa di meglio.

Vi state comportando in modo ostinato e questo non vi fa bene e non permette alla felicità e alla salute di entrare nella vostra vita.

Se siete infelici in amore, se non progredite nella carriera, se avete problemi familiari o finanziari, nonché malattie, lasciate che gli Angeli aggiustino la situazione.

Se persistete negli aspetti infruttuosi della vostra vita e temete che le cose peggiorino, lo faranno. Tuttavia, se siete disposti a liberarvi dalla situazione che vi opprime, la situazione attuale migliorerà in modo meraviglioso.

Gli Angeli vi chiedono di non cercare di controllare l'esito della vostra attuale situazione negativa. Lasciatela andare.

Gli Angeli confermano che, attraverso le vostre sensazioni, sogni, visioni e intuizioni, li state davvero ascoltando e che non si tratta di allucinazioni. Se improvvisamente avete il desiderio di telefonare a qualcuno, di andare da qualche parte, di leggere qualcosa, è importante che seguiate questi impulsi interiori, gli Angeli vi chiedono di abbandonare ogni dubbio sulla guida divina.

Previsioni per i Pesci

Gli Angeli sanno delle vostre delusioni passate che hanno minato la vostra fiducia in voi stessi, negli altri e persino negli Angeli, ma vi ricordano l'importanza di preservare la vostra fede.

Gli Angeli sanno che voi, come tutti, avete commesso degli errori in passato. Questi errori, tuttavia, non cambiano la vostra vera natura. In voi c'è una parte della natura divina, che è infallibile. Gli Angeli vi chiedono di credere in voi stessi. Cercate di fare in modo che i vostri pensieri e sentimenti riflettano le vostre vere intenzioni.

Gli Angeli vi chiedono di scegliere bene i vostri obiettivi e di realizzarli con amore. Visualizzatevi in mezzo ad altre persone felici, di successo e in pace. Mantenendo le vostre intenzioni altamente spirituali, aiutate voi stessi e gli altri. Gli Angeli vi chiedono di sostituire le abitudini di pensiero negative con quelle positive, quindi chiedete loro aiuto.

Informazioni sugli autori

Oltre alle sue conoscenze astrologiche, Alina A. Rubi ha una ricca formazione professionale. Rubi ha una ricca formazione professionale; ha certificazioni in psicologia, ipnosi, reiki, guarigione bioenergetica con cristalli, guarigione angelica, interpretazione dei sogni ed è un'istruttrice spirituale. Rubi ha conoscenze di Gemmologia, che utilizza per programmare pietre o minerali e trasformarli in potenti amuleti o talismani di protezione.

Rubi ha un'indole pratica e orientata ai risultati, che le ha permesso di avere una visione speciale e integrativa dei vari mondi, facilitando la ricerca di soluzioni a problemi specifici. Alina scrive gli oroscopi mensili per il sito web dell'American Astrologers Association, che si possono leggere all'indirizzo www.astrologers.com. Attualmente tiene una rubrica settimanale sul quotidiano El Nuevo Herald su argomenti spirituali, pubblicata ogni lunedì in formato digitale e cartaceo. Ha anche un programma e un oroscopo settimanale sul canale YouTube del giornale. Il suo Annuario Astrologico viene pubblicato ogni anno sul quotidiano "Diario las Américas", con la rubrica Rubi Astrologa.

Rubi ha scritto diversi articoli sull'astrologia per la pubblicazione mensile "Today's Astrologer", ha tenuto corsi di astrologia, tarocchi, lettura delle palme, guarigione con i cristalli ed esoterismo. Ha video settimanali su argomenti esoterici sul suo canale YouTube: Rubi Astrologa. Ha un suo programma di astrologia trasmesso quotidianamente su Flamingo T.V., è stata intervistata da vari programmi televisivi e radiofonici e ogni anno pubblica il suo "Annuario astrologico" con l'oroscopo segno per segno e altri interessanti argomenti mistici.

È autrice dei libri "Riso e fagioli per l'anima" Parte I, II e III, una raccolta di articoli esoterici pubblicati in inglese, spagnolo, francese, italiano e portoghese. Soldi per tutte le tasche", "Amore per tutti i cuori", "Salute per tutti i corpi", Annuario astrologico 2021, Oroscopo 2022, Rituali e incantesimi per il successo nel 2022 e 2023. Incantesimi e segreti, lezioni di astrologia, rituali e incantesimi 2024 e oroscopo cinese 2024 sono disponibili in cinque lingue: inglese, italiano, francese, giapponese e tedesco.

Rubi parla correntemente inglese e spagnolo e combina tutti i suoi talenti e le sue conoscenze nelle sue letture. Attualmente vive a Miami, in Florida.

*Per ulteriori informazioni, è possibile **visitare il sito web** www.esoterismomagia.com.*

Alina A. Rubi è la figlia di Alina Rubi. Attualmente studia psicologia alla Florida International University.

Si è interessata a tutte le materie metafisiche ed esoteriche fin da bambina e pratica l'astrologia e la Kabbalah dall'età di quattro anni. Conosce i Tarocchi, il Reiki e la Gemmologia. Oltre che autrice, è anche curatrice, insieme alla sorella Angeline A. Rubi, di tutti i libri pubblicati da lei e dalla madre.

Per ulteriori informazioni, contattare:
rubiediciones29@gmail.com